Luca Leicht

Sponsoring im Sport

Kommerzialisierung des Fußballs

GRIN Verlag

Bibliografische Information der Deutschen Nationalbibliothek:

Die Deutsche Bibliothek verzeichnet diese Publikation in der Deutschen Nationalbibliografie; detaillierte bibliografische Daten sind im Internet über http://dnb.d-nb.de/ abrufbar.

Impressum:

Druck und Bindung: Books on Demand GmbH, Norderstedt Germany
ISBN: 978-3-656-19754-6

Sponsoring im Sport
Kommerzialisierung des Fußballs

Projektarbeit

„Wissenschaftliches Arbeiten“

Studiengang Medienmanagement an der

Macromedia Hochschule für Medien und Kommunikation

Stuttgart, den 25.01.10

Vorgelegt von Luca Peter Leicht

INHALTSVERZEICHNIS

ꞵKÜRZUNGSVERZEICHNIS

D-Bildschirm	3 dimensionaler Bildschirm
: Mailand	Associazione Calcio Milan
;	Aktiengesellschaft
ꞦD	Arbeitsgemeinschaft der öffentlich-rechtlichen Rundfunkanstalten Deutschlands
ı	Europameisterschaft
V.	eingetragener Verein
: Bayern München	Fussballclub Bayern München
SV / Hamburger SV	Hamburger Sportverein
K	Industrie und Handelskammer
A	Kia Motors
o.	Millionen
y-TV	Bezahlfernsehen
	Seite
P	SAP Systemanalyse und Programmentwicklung
'	Television/Fernsehen
'-Sender	Fernsehsender
:FA	Union of European Football Associations (Vereinigung europäischer Fussballverbände)
w.	und so weiter
B Stuttgart	Verein für Bewegungsspiele Stuttgart
M	Weltmeisterschaft
.	zum Beispiel

1 EINLEITUNG

Die Kommerzialisierung überschwemmt den Fußball. Kaum ein Profiverein hat heute noch ein Stadion ohne Namen oder ein Trikot ohne Sponsor auf der Brust. Selbst die kleinen Dorfvereine in den tiefsten Klassen spielen um den Krombacher-Kreispokal oder um die KIA-Kreismeisterschaft. Warum ist das so?

Vor 1950 hing es noch vom Kartenverkauf ab, wie stabil der Verein finanziell aufgestellt war. Es spielten auch im Profigeschäft meistens noch Spieler aus der eigenen Jugend. Wenn man einen Transfer tätigte, dann zahlte man ihn aus den Eintrittserlösen.

1954 kam mit der WM der große Einstieg des Fernsehens in den damals schon sehr populären Sport und damit konnte man über die Plattform Fußball sehr viele Menschen bundesweit erreichen. Die Werber sahen ihre Chance.

Im Laufe der Zeit brauchten die Vereine Talente und gestandene Fußballlegionäre um den sportlichen Erfolg zu sichern. Die gab die eigene Jugend nicht her. Zusätzlich werden die Transfersummen immer höher.

Diese Spirale, Transfers werden sportlich immer notwendiger und finanziell sehr viel teurer, ist irgendwann nicht mehr ausschließlich aus den Zuschauereinnahmen zu tragen. Es muss folglich zusätzliches Geld aufgebracht werden. Sponsoring wird zu einem wichtigen Bestandteil im Fußball.

Plötzlich essen Ikonen wie Franz Beckenbauer Instantsuppen von Knorr, der Deutsche Fußball Bund hat einen offiziellen Ausrüster und auf jedem Trikotsatz der Bundesliga findet sich mindestens ein Sponsor wieder.[1]

„Während früher die Einnahmen nahezu gänzlich aus dem Ertrag des Ticketverkaufs bestanden, betragen die Zuschauerbeiträge heute gerade mal 15 Prozent der Gesamteinnahmen."[2]

---

1 Vgl. Empacher 2001, S. 205 – 212
2 Roth 2004, emagazine.credit-suisse.com

Den Agenturen, die die Vereine und Spieler vermarkten, fällt immer mehr ein. Überall wo eine Marke unterzubringen ist, wird versucht ein Vertrag abzuschließen und Geld zu verdienen. Stadien, Ligen und Wettbewerbe haben kommerzielle Namenspaten.

Die Tradition geht dabei verloren. Besonders die Fans trauern z.B. den rühmlichen Stadiennamen wie „Max-Morlock-Stadion" nach. „Easycredit-Stadion" gibt Ihnen einfach nicht die richtige Identifizierung mit Region, Fans und Verein.[3]

Auch ehemalige Fußballer großen sind der Meinung, dass der Fußball mittlerweile zu sehr vom Geld bestimmt wird:

> „Der Einfluss des Geldes hat im Fußball vieles verdorben. Heute wird oft übertrieben: Die meisten Spieler sind absolut überbezahlt. Ich habe nichts dagegen, wenn die Superstars viel Geld verdienen, aber der Durchschnitt der Spieler bekommt eindeutig zu viel. Hier muss etwas geändert werden." (Günther Netzer)[4]

> „Es ist doch ein Wahnsinn, was da in den letzten Jahren abgelaufen ist. Für Durchschnittsspieler wurden irrwitzige Ablösesummen und Gehälter bezahlt. Geld spielte keine Rolle mehr, weil sich milliardenschwere Clubeigner alles leisten konnten. Wenn sich das alles wieder auf ein Normalmaß einspielen sollte, würde ich das sehr begrüßen." (Franz Beckenbauer)[5]

Tradition und Erfolg sind immer schwerer zu vereinigen. Sponsoren werden von Clubeignern abgelöst. Fußball ist nicht mehr nur das Spiel und die Begeisterung an sich, es ist auch ein milliardenschweres Geschäft geworden.[6]

Diese Arbeit soll aufzeigen was Sponsoring darstellt, wie eng es mit dem Fußball verknüpft ist, wo die Vor- und Nachteile von Werbung im Bereich Fußball liegen und warum bereits von einer „Kommerzialisierung des Fußball" gesprochen wird.

---

3 Ritzer 2006, www.sueddeutsche.de
4 Ritler 2004, emagazine.credit-suisse.com
5 Deutsche Presse Agentur 2008, www.transfermarkt.de
6 Vgl. Roth 2004, emagazine.credit-suisse.com

2 Definitionen

Zunächst soll geklärt werden, womit sich Sponsoring beschäftigt und welche Ziele es hat. Zusätzlich wird betrachtet, wie sich die Werbung im Allgemeinen definiert, da sie den Überbegriff von Sponsoring darstellt. Im Sportsponsoring erscheint zudem immer wieder der Begriff „Mäzen", der als eine ganz spezielle Form von Sponsoring angesehen werden kann, daher ist auch dieser Begriff kurz erläutert.

2.1 Sponsoring

„Sponsoring bedeutet die Planung, Organisation, Durchführung und Kontrolle sämtlicher Aktivitäten, die mit der Bereitstellung von Geld, Sachmitteln oder Dienstleistungen durch Unternehmen zur Förderung von Personen und/oder Organisationen im sportlichen, kulturellen oder sozialen Bereich verbunden sind, um damit gleichzeitig Ziele der Unternehmenskommunikation zu erreichen."[7]

Durch Sponsoring erhoffen sich die meisten Unternehmen einen Imagetransfer, von der oder dem positiv auffallenden und sehr bekannten Begünstigten. Leistungen gegenüber des Gesponserten und Gegenleistungen der Unternehmen werden immer vertraglich festgehalten. Auf keinen Fall darf der Ruf des Sponsors geschädigt werden.

Gegenüber anderen Kommunikationsinstrumenten hat Sponsoring den Vorteil, dass Marken in der Freizeitwelt und im Erlebnisumfeld der Menschen sehr gut in Szene gesetzt werden können. Hierbei wird die Zielperson vor allem auch über die emotionale Ebene angesprochen, besonders beim Fußball. Im kulturellen, sozialen und ökologischen Bereich erreicht der Sponsor diese Ebene durch die Unterstützung „förderungswürdiger" Institutionen und Aktionen, wie z.B. Hilfsprojekte.

---

7 Engelhardt u. A. 2003, S. 318f.

Typische Ziele des Sponsorings aus Sicht der Unternehmen sind die Steigerung der Bekanntheit, die Verbesserung des Images, die Motivation der Mitarbeiter und die Demonstration der Leistungsfähigkeit und der gesellschaftlichen Verantwortung. [8]
Das alles macht Sponsoring zu einem sehr guten auf populäre Ereignisse anzuwendenden Werbeinstrument. Gerade bei Sportarten, die extrem im Fokus der Bevölkerungsmehrheit liegen, wie Fußball, macht ein Sponsorship Sinn.

2.2 Werbung

„Werbung ist die absichtliche und zwangsfreie Form der Beeinflussung bestimmter Zielgruppen für Werbeziele wie z.B. Gewinn, Verkaufssteigerung, Mitgliederwerbung usw. Methode ist in der Regel die einseitige Darstellung der Vorteile eines Produktes, einer Dienstleistung, einer Institution, usw. unter Verschweigen seiner Nachteile.“[9]
Werbung unterscheidet sich nach Werbetreibenden, Werbeobjekten, Werbesubjekten, Werbemitteln, Werbeträgern und nach zeitlichen Kriterien. Dementsprechend viele Werbeformen gibt es.[10]
Aus betriebswirtschaftlicher Sicht muss Werbung den primären ökonomischen Unternehmenszielen der Umsatz- und Absatzsteigerung dienen. Die daraus abgeleiteten Hauptprinzipien sind Wirksamkeit beim Umworbenen, Wahrheit bei den Versprechungen und Wirtschaftlichkeit aus gewinnorientierter Perspektive.[11]

2.3 Mäzen

Ein Mäzen ist eine Person, die eine Institution, kommunale Einrichtung oder Person mit Geld oder geldwerten Mitteln bei der Umsetzung eines Vorhabens unterstützt. Die

---

8 Vgl. Ebd.
9 Motzko 2008, www.praxisinstitut.de
10 Vgl. Engelhardt u. A. 2001, S. 276
11 Vgl. Ebd., S. 284f.

Bezeichnung Mäzen leitet sich vom Römer bzw. Etrusker Gaius Cilnius Maecenas her, der zur Zeit Augustus' Dichter wie Vergil, Properz und Horaz förderte.

Mäzene können sowohl Institutionen wie Museen, Universitäten oder Orchester fördern, als auch einzelne Personen. Sie können Förderer von Kunst sein oder Hochschulabgänger, die die Wissenschaft unterstützen, indem sie gegenüber ihrer ehemaligen Hochschule als Mäzene auftreten.

Ein Mäzen vergibt seine Leistung rein freiwillig, sie kann also jederzeit gestrichen werden.

Eine wichtige Funktion des Mäzenatentums ist unter anderem die gezielte Beeinflussung der öffentlichen Meinung durch Förderung geeigneter Vorhaben von sozialer Bedeutung.

Vom Mäzenatentum abzugrenzen ist der Euergetismus (aus dem griechischen: "Euergetes" = "Wohltäter"); hier geht es anders als beim Mäzenatentum darum, Macht und Einfluss durch Wohltaten am Gemeinwesen zu demonstrieren.

Vom Sponsoring unterscheidet sich das Mäzenatentum dadurch, dass ihm keinerlei geschäftliche Nutzenerwartung seitens des Mäzen zugrunde liegen.[12] Charakteristisch für den Mäzen ist, dass er Gutes tut und dabei nicht das Rampenlicht sucht.

Allgemein kann man sagen, das verbindende Element zwischen Mäzen und Sponsoring ist der Fördergedanke.[13]

12 Reese Online e. K. 2008, www.fremdwort.de

13 Vgl. Müller-Schwemer 2006, S. 1 f.

3 Problematik der Kommerzialisierung des Fußballs

Kommerzialisierung des Fußballs bedeutet, dass der Fußball zu einem großen Teil nur noch dazu da ist, Geld zu verdienen. Fußball als Anlagegut der Wirtschaft? Vor allem die Fans sehen das so. Der Verein „Bündnis aktiver Fußballfans e.V." spricht in Bezug auf den Fußball von einem „verramschten Ereignis". Die Mitglieder sehen das eigentliche Spiel auf dem Platz in den Hintergrund gedrängt. Eine regelrechte „Kommerzialisierungswut" überlagere das eigentliche Ereignis. Bei den Fans wächst die Sorge um die Tradition und die „Seele" des Spiels, die sie durch die hohen wirtschaftlichen Einflussfaktoren verloren sehen. Bis hin zu einer Europaliga, wo nur noch die reichen Topklubs ohne Abstiegsangst gegeneinander spielen und deren zweite Garnituren in der nationalen Bundesliga warm gehalten werden. Damit ist das, was die Fans so lieben, zerstört und der Fußball ist nur noch Show, ganz wie beim amerikanischen Football.[14]

In eine andere Richtung geht ursprünglich das Mäzenatentum, wo ein gutgesinnter Gönner den Verein mit viel Geld unterstützt. Trotzdem sehen auch hier die Fans in den Mäzenen „Totengräber des Fußballs". Zum einen werden solche Kommentare aus reinem Neid gegenüber dem finanzstärkeren Verein abgegeben, zum anderen besteht die Befürchtung, dass auch solche Förderer im Zweifelsfall nur auf ihr Konto schauen.[15]

Ist es letzteres, ist die Konsequenz erneut die Kommerzialisierung des Fußballs.

Zunächst soll hier also geklärt werden, was überhaupt wirtschaftliche Einflüsse auf den Fußball sind und warum sie stetig wichtiger für den Fußball werden.

Dem gegenüber stehen die Aussagen der Fans, die die Tradition des Fußballs durch eine Kommerzialisierung sowohl durch das Wirtschaften mit dem Sport, als auch durch die Mäzene bedroht sehen.

Anschließend wird betrachtet wie sich die Situation darstellt, wenn ein Mäzen ein Verein fördert oder gar kauft.

14 Vgl. o.A., www.aktive-fans.de
15 Vgl. Meuren 2007, www.spiegel.de

3.1 Wirtschaftliche Einflussfaktoren auf den Profifußball

> "Aus sportökonomischer Sicht repräsentieren die Lizenzsportvereine im Fußballsport so genannte Hybridorganisationen im Spannungsfeld zwischen Markt- und Vereinskultur, wobei die Mitglieder und Fans der Vereinskultur eine charakteristische Prägung geben. [...]Während Vereine und Verbände in Teilbereichen ihren ideellen Zielsetzungen entsprechen, ist für den Lizenzsportbereich und damit assoziierte Geschäftsbereiche (z.B. Ticketing, Merchandising) eine zunehmende Entkopplung vom Restverein zu konstatieren. Bezeichnend für diese Konstellation ist die Tatsache, dass die Profispieler nicht Vereinsmitglieder, sondern Angestellte des Vereins sind."[16]

Das soll heißen, dass ein Verein zusätzlich zum Vereinsgeschäft einen wirtschaftlichen Teilbereich schaffen muss. Im Vereinsgeschäft geht es hauptsächlich darum Mitglieder zu gewinnen, um sich durch die Mitgliedsbeiträge zu refinanzieren. Vor Allem im Amateurbereich, wo der Fußball noch ein Hobby darstellt, ist die Verwaltung von Eintritts- und Mitgliedsgeldern die größte Gewinnquelle und damit der größte wirtschaftliche Faktor.

Im professionellen Fußball sind dagegen drei Hauptgewinnquellen zu nennen: Die Vermarktung des Vereins, die Medienrechte und die Spieltagseinnahmen.

Zu allen diesen drei Punkten ist es besonders wichtig, dass der Verein einen bekannten Namen im Sportgeschehen besitzt. Die Fans kaufen keine Artikel eines unbekannten Vereins, kein TV-Sender zeigt Spiele eines unbekannten Vereins und kein Zuschauer geht ins Stadion zu einem unbekannten Verein. Der Verein sollte deshalb sich als Marke präsentieren.[17]

Um als Marke präsent zu sein, muss der sportliche Erfolg gesichert werden, damit sich die Fans mit dem Verein identifizieren können. Diesen bekommt man, indem man gute Spieler transferiert. Hier muss Geld eingesetzt werden. Dieses Geld gewinnt man z.B. durch Sponsoren, Investoren und die Zuschauereinnahmen.

Die grundlegenden wirtschaftlichen Einflussfaktoren bilden also allgemein gesagt die Werbung über den Verein, die Gewinnung von Geldgebern und die optimale

16 Rasche 2007, S. 35, www.baspo.admin.ch
17 Vgl. Adjouri; Stastny 2006, S. 186 - 189

Potentialausschöpfung bei den Kunden, also den Fans. Aber diese Punkte hängen wieder von der hohen Markenbekanntheit ab. Der Kreislauf schließt sich.

Die neun besten Klubs Europas erwirtschafteten 2007 zwischen 200 und 350 Millionen Euro im Jahr. In diese finanzielle Liga vorzustoßen, wird für kleine Klubs immer schwerer. Vier britische Klubs, drei italienische, zwei spanische und Bayern München bilden diese Gruppe. Sie machen zunehmend die wichtigen Siege unter sich aus, in den vergangenen Jahren neun von zehn Champions-League-Titeln.[18]

> "In Deutschland erzielten Bayern München, Werder Bremen und Schalke 04 durchschnittlich 22 Mio. Euro oder 16 Prozent ihres Gesamtumsatzes aus der Champions League. Im Vergleich dazu generierten die restlichen 15 nicht in der Champions League spielenden Bundesligisten einen durchschnittlichen Umsatz in Höhe von 53 Mio. Euro. Die signifikanten Einnahmen, die in diesem Wettbewerb erzielt werden, lassen die Schere zwischen Teilnehmern und Nicht-Teilnehmern weiter auseinander klaffen. Daran ändern auch die UEFA-Solidaritätszahlungen in Höhe von 59 Millionen Euro an die Clubs, Ligen und Verbände der 52 UEFA-Mitgliedsländer nichts, die aus dem Einnahmentopf der Champions League gezahlt werden."[19]

Es ist also zu erkennen, dass sportlicher Erfolg die Einnahmen nochmal extrem nach oben schraubt. Zusätzlich schafft es der Gewinn einer Trophäe die oben angesprochene Markenbekanntheit enorm zu erhöhen und verhilft damit den „großen" Vereinen diesen Status bei zu behalten.

> „Siege sind das wirtschaftliche Erfolgsgeheimnis. Der legale Weg zum Sieg führt über die komplette Professionalisierung der einst zum Vergnügen und zur Zerstreuung gegründeten Vereine. Tatsächlich verdanken die Topteams ihre Ausnahmeposition selten allein verrückten Milliardären, sondern gutem Management."[20]

Man kann also schlussfolgern, dass wenn ein Verein wirtschaftlichen Erfolg schaffen will, braucht er zunächst einen hohen Bekanntheitsgrad z.B. durch Siege, dann muss er die wirtschaftlichen Faktoren Werbung, Geldgeber und Kunden optimal ausnutzen, um daraus die finanzielle Basis für einen noch größeren sportlichen Erfolg zu generieren.

18 Vgl. Petersdorff 2008, www.faz.net
19 Ludwig, Stefan 2007, www.deloitte.com
20 Petersdorff 2008, www.faz.net

3.2 Standpunkt der Fans zur Problematik der Kommerzialisierung

Was sagt aber der gemeine Fan dazu, wenn sein Verein nur noch durch wirtschaftliche Einflüsse zum sportlichen Erfolg kommen kann? Der Fan ist immerhin ein sehr wichtiger Faktor, nicht wegen der Eintrittsgelder, sondern weil er das Image des Vereins zu großen Teilen darstellt. Er sorgt für die Atmosphäre in der Arena und für die Attraktivität der Fernsehbilder, an denen wiederum die Sponsorengelder hängen.[21]

Fans protestieren gegen die Kommerzialisierung des Fußballs.

Vom „Spielerportfolio" zu sprechen anstatt von der Mannschaft, gegen „Mitbewerber" zu spielen anstelle von Gegnern und Sprüche wie, dass der Klub „Kapital generieren" will, bringen Fans zum Verzweifeln.

Vor Allem wenn die Tradition des Vereins durch die Kommerzialisierung in Frage gestellt wird, wie z.B. bei Umbenennung des Stadions, gehen Fans auf die Barrikaden.[22] Gerade die Fangruppierungen, die sich jedes Jahr intensiv mit dem Verein beschäftigen, wie z.B. die sogenannten „Ultras", können sich mit den neuen Wirtschaftsfaktoren nicht anfreunden. "Gegen den modernen Fußball" oder "Was ihr nicht kaufen könnt, verbietet ihr" gehören zu ihren Slogans.[23]

Einfache Zuschauer, die nur gelegentlich im Stadion vorbei schauen, stellen für die traditionsbewussten Fans lediglich Vereinssympathisanten dar. Durch solche Zuschauer lässt sich aber keine Stimmung im Stadion erzeugen. Diese Besucher stellen lediglich eine Kulisse dar, die sich zu Werbezwecken ausschlachten lässt.[24] Aber gerade die Stimmung im Stadion ist ein Aushängeschild des Vereins und kann auch neue Sponsoren und Fans anziehen. Also sollten die Vereine darauf Wert legen, die Fans, die sich extrem mit dem Verein identifizieren nicht zu verlieren. Es wäre traurig, wenn die Traditionsklubs der Liga nach und nach durch künstliche Gebilde ohne Fan-Basis abgelöst würden. Wie viel

21 Vgl. Ebd.
22 Vgl. Ritzer 2006, www.sueddeutsche.de
23 Vgl. Leischwitz 2006, www.fluter.de
24 Vgl. Ritzer 2006, www.sueddeutsche.de

Kommerz der deutsche Fußball verträgt, sollten nicht nur Vereinsbosse oder Kartellwächter entscheiden - was zählt, ist die Stimme der Anhänger.[25]

Wichtig sind deshalb Fanprojekte, die zum einen die alten Fanstrukturen aufrechterhalten, zum anderen schwere Ausschreitungen verhindern sollen, wie sie beispielsweise in der ersten Dezemberwoche des vergangenen Jahres in Stuttgart vor der Mercedes-Benz-Arena stattfanden. [26]

In der Baden-Württembergischen Landeshauptstatt fehlt derzeit ein solches Projekt und ist damit noch in guter Gesellschaft. Fan-Forscher Gunter A. Pilz sieht hierbei jedoch akuten Handlungsbedarf.[27]

3.3 Mäzene im Fußball

Mäzene halten neuerdings sehr starken Einzug in das professionelle Geschäft des Fußballs, im Amateurbereich sind sie dagegen schon länger sehr stark vertreten. Die stillen Geldgeber sind aber gar nicht mehr so still und ausschließlich im Hintergrund aktiv, sondern stehen eher im Rampenlicht.[28]

Hier soll geklärt werden, warum es bei Mäzen eigentlich nicht ums Geld gehen sollte, es aber trotzdem immer öfter so ist.

3.3.1 Nationale Mäzene

> „In Deutschland gibt es Tausende Fußballfans [...], die so versessen sind in diesen Sport, dass sie mit ihrem Privatvermögen einen Fußballklub über Wasser halten. Der prominenteste von ihnen ist derzeit SAP-Gründer Dietmar Hopp. Mehr als 100 Millionen Euro investierte der Milliardär in den vergangenen 18 Jahren, um seinen Heimatklub 1899 Hoffenheim von der Kreisliga B in den Profifußball zu hieven."[29]

25 Vgl. Hagelüken 2008, www.sueddeutsche.de
26 Vgl. Rapp 2009, www.stuttgarter-nachrichten.de
27 Vgl. Ebd.
28 Vgl. Grabitz; Kaiser 2008, www.welt.de
29 Grabitz; Kaiser 2008, www.welt.de

Das von Dietmar Hopp geförderte Team hat es sogar vollbracht in der Hinrunde der ersten Hoffenheimer Bundesligasaison 08/09 den ersten Platz zu belegen. Der Mäzen wird von den Medien nun schillernder denn je in den Vordergrund gerückt. Die Spieler, die die Überraschung verwirklicht haben, rücken dabei fast schon in den Hintergrund. Es ist eine logische Schlussfolgerung von Neidern, dass Geld diesen Erfolg herbeigeführt haben soll. Man muss sich hier die Frage stellen, ob das den traditionellen Fußball nicht in seinen Grundfesten erschüttert, denn das sportliche Geschick entscheidet demnach nicht mehr über Popularität und Produktivität des Sports.

Im Amateurfußball ist das Mäzenatentum allerdings noch wesentlich verbreiteter als im Profifußball. Oft steckt ein örtlicher Bau- oder Müllunternehmer dahinter. Sie erhoffen sich durch das Engagement Kontakte zur öffentlichen Hand, was dann aber wieder gegen die ursprüngliche Definition eines Mäzen spricht.

Immer wenn ein Mäzen in einen Verein einsteigt, begibt sich der Verein in enorme Abhängigkeit. Viele Vereine bekommen nach dem Rückzug eines Mäzens nie wieder einen Fuß auf den finanziellen Boden der Realität. Gewöhnen sich Fans und Spieler einmal an den Erfolg, halten sie ihren Vereinen nicht derart die Treue, als wenn der Klub immer schon mies gespielt hätte.[30] In Deutschland können Investoren aber wegen der 50+1-Regel keine Vereine aufkaufen, das heißt man kann nur als Mäzen finanzieller „Herrscher" eines Vereins werden.

3.3.2 Internationale Mäzene

Vor Allem in England werden immer mehr Klubs von sehr reichen Investoren aufgekauft.

> „Nach russischen Oligarchen, thailändischen Politikern und amerikanischen Finanzinvestoren hat die britische Fußball-Liga jetzt neue Gönner: Die Araber kommen. "Geld spielt für uns keine Rolle", sagt der Immobilienmann Al Fahim, 31 Jahre alt. Die finanzielle Übermacht der Engländer, die den Fußball ins Bezahlfernsehen verlagern und so gewaltige Einnahmen erzielen, lässt in Deutschland manchen nervös werden."[31]

30 Vgl. Ebd.

31 Hagelüken 2008, www.sueddeutsche.de

In England ist ein wahrer Kampf entbrannt zwischen den reichsten Männern der Welt, jeder will sich profilieren mit seinem Team. Ob Mäzene wie Roman Abramowitsch, Eigentümer von Chelsea London oder Investoren wie Malcolm Glazer, Anteilseigner bei Manchester United, man dürfte sie eigentlich alle nicht unter dem Begriff Mäzene führen, denn hier stehen sie und ihr Geld doch immer wieder im Vordergrund. Dennoch werden sie in den Medien meist also solche dargestellt.

Bei einem solchen Ligavermarktungsmodell zahlen die Fans einen hohen Preis, z.B. kostet eine Eintrittskarte bei Chelsea London mindestens 45 €, 30 € mehr als der Mindestpreis bei Bayern München. Im TV bekommt man in England Fußball nur im Pay-TV zu sehen ab 60 € monatlich. Viele Menschen können sich dieses Erlebnis nicht leisten.[32]

32 Vgl. Ebd.

4 Werbung als etablierter Bestandteil des Fußballs

Werbung findet man so gut wie überall. Egal wohin man schaut, meist kann man Werbung in irgendeiner Form entdecken. Auch der Fußball ist davon nicht verschont geblieben. Die Kommerzialisierung des Fußball hängt nicht nur von Investoren, dem neuen Wirtschaftsdenken der Vereine oder von Transfergeschäften ab. Die Werbung, zu sehen auf Spielertrikots, Banden, Tribünen usw., ist sehr stark im Fußball vertreten, vor Allem wenn ein Großereignis wie eine Weltmeisterschaft ansteht. Wie und auf welche Weise soll hier im Folgenden erläutert werden.

4.1 Weltmeisterschaft und Europameisterschaft

Jeder, so erlaubte es die IHK 2006, darf mit dem Begriff „Fußball WM 2006" werben.[33]
So stürzten sich viele Anbieter von Produkten, die gar nichts mit Fußball und dem Spektakel Fußball WM zu tun hatten, auf den Begriff um mit dem Wortlaut Kunden zu ködern.
Dabei ist insbesondere eine Weltmeisterschaft für z.B. Sponsoren sehr attraktiv, weil sie internationales Publikum bietet und sich auf einen bestimmten Markt konzentriert. Doch diese Sponsorenbewegung schafft auch Kuriositäten. So war es doch merkwürdig, dass Gäste der WM in Deutschland mit asiatischen Wagen chauffiert wurden und amerikanisches Bier tranken. Das alles aber in einem Land, wo viele große Automarken beheimatet sind und die Vielfalt an Biersorten wohl größer ist als sonst auf der Welt.[34]
Vor knapp zwei Jahren war die Europameisterschaft zu Gast in Österreich und der Schweiz. Die ARD-Tagesschau berichtet dazu folgendes:

> „Werbung mit der Fußball-EM scheint nur eingeschränkt bei den Verbrauchern anzukommen. Bei einer Umfrage im Auftrag des Beratungsunternehmens PricewaterhouseCoopers (PwC) konnten 40 Prozent aller Befragten kein Unternehmen nennen, das ihnen im Umfeld der EM aufgefallen ist. Einsamer

33 Vgl. o.A. 2006, www.essen.ihk24.de
34 Vgl. Roth 2004, emagazine.credit-suisse.com

Spitzenreiter in Sachen Bekanntheit war mit 28 Prozent der Nennungen Adidas vor Coca Cola (17 Prozent) und McDonald's. Das Meinungsforschungsinstitut TNS Emnid befragte im Auftrag von PwC an den beiden Tagen nach dem deutschen Auftaktsieg gegen Polen rund 1000 repräsentativ ausgewählte Deutsche."[35]

Der Sponsoringgedanke der unter vielen der Förderer verbreitet war, war gewisser Maßen nicht vorhanden, denn einen messbaren Erfolg konnte kaum verzeichnet werden.

4.2 Bundesliga

Die höchste Spielklasse des Massensports Fußball in Deutschland ist die erste Bundesliga. Dadurch ist das Interesse der Bevölkerung hier am größten. Die Spiele werden mehrfach medial wiederholt und es bestehen sehr hohe Kontaktchancen für die Werbung. Die Umbenennung des Stadions, die TV-Übertragungen und die Werbeträger im Stadion, wie z.B. die Bande, haben sich für die Vereine als sehr lukrativ erwiesen. Dass die Fans gegen viele Werbeträger sind wurde bereits erörtert, hier soll deswegen nur der Nutzen für den Verein betrachtet werden.

4.2.1 Verkauf der Namensrechte deutscher Stadien

Die Umbenennung des Stadions ist für die Klubs ein sehr lukratives Geschäft, denn hier muss der Verein kaum Aufwand betreiben. Es muss lediglich der Schriftzug in allen Formalitäten geändert werden und man ist um Millionen reicher.

Der Hamburger SV besitzt dabei so etwas wie eine Vorreiterrolle. Als erster Fußball-Bundesligist gibt Hamburg zum zweiten Mal seinem Stadion einen gesponserten Namen. Seit dem 4. Juli 2008 heißt die WM-Arena am Volkspark offiziell nach einer norddeutschen Großbank (HSH Nordbank). Damit wird die seit Mitte 2001 gültige Benennung nach einem Internet-Anbieter (AOL) verändert. Der Kontrakt mit dem neuen Partner läuft über drei Jahre bis Ende Juni 2010 mit einer beiderseitigen Option für drei

35 Vgl. o.A. 2008, www.tagesschau.de

weitere Jahre. Der HSV wird dafür mehr als die bislang fünf Millionen Euro jährlich erhalten, wenn der Klub in der ersten Bundesliga bleibt. Der Klub hatte 2001 mit der Umbenennung des Volksparkstadions bundesweit eine Vorreiterrolle eingenommen. Mittlerweile sind bereits die Namensrechte von zwölf Bundesligastadien verkauft worden.[36]

36 Vgl. Sport Informationsdienst 2007, www.11freunde.de

Tabelle 1: Die verkauften Namensrechte in Deutschland

Hauptnutzer	früherer Name des Stadions (bzw. alter Spielstätte)	Namensgeber	Laufzeit	Gesamtbetrag in Mio. Euro	neuer Name des Stadions
FC Bayern München und TSV 1860 München	Olympiastadion	Allianz AG	2005-2020	92,0	Allianz-Arena
Arminia Bielefeld	Bielefelder Alm	Schüco AG	2004-2006/07*	1,75	Schüco-Arena
Hamburger SV	Volksparkstadion	AOL Deutschland GmbH & Co. KG	2001-2006	15,3	AOL-Arena
VfL Wolfsburg	VfL Stadion Wolfsburg	VW AG	2002 - unbekannt	k.A.	Volkswagen-Arena
VfB Stuttgart	Neckarstadion	Daimler Chrysler AG	seit 1993 unbegrenzt	3,6	Gottlieb-Daimler-Stadion
Bayer 04 Leverkusen	Ulrich-Haberland Stadion	Bayer AG	seit 1998 unbegrenzt	k.A.	BayArena
1. FC Köln	Müngersdorferstadion	GEW RheinEnergie AG	2002 - 2009**	15,0	RheinEnergieStadion
Hannover 96	Niedersachsenstadion	AWD Holding AG	2002 - 2005	k.A.	AWD-Arena
SC Freiburg	Dreisamstadion	badenova AG & Co. KG	2004-2009	4,5***	badenova-Stadion
SpVgg Greuther Fürth	Sportplatz am Ronhof	Geobra Brandstätter GmbH & Co. KG	seit 1998 unbegrenzt	k.A.	Playmobil-Stadion
SpVgg Unterhaching	Sportpark Unterhaching	Generali Versicherung AG	2004-2009	k.A.	Generali Sportpark
Fortuna Düsseldorf	Rheinstadion	LTU GmbH	2004-2007	1,5	LTU-Arena
VfL Osnabrück	Stadion Bremer Brücke	osnatel GmbH	2004-2009	1,3	osnatel Arena

* mindestens
** zusätzlich 5-jährige Option
*** öffentliche Schätzung 0,9 Mio. Euro p.a.

Quelle: FC Euro AG, S.42

Unter der Betrachtung der Tabelle wird schnell klar, dass die Namensrechte der Stadien meist von ortsansässigen Unternehmen erworben werden. Dies geschieht meist aus dem Gedanken einer Corporate-Citzenship, also der Wunsch, dass sich die ansässige Bevölkerung mit einem Unternehmen identifiziert und damit zu einem positiven Image in der Region beiträgt.

4.2.2 TV-Gelder

> „Der deutsche Fußball-Meister FC Bayern München ist [...] bei den Einnahmen aus der TV-Vermarktung die Nummer eins der Bundesliga. Die Münchener kassieren nach Berechnungen der Wirtschaftsprüfungsgesellschaft Ernst & Young AG für die abgelaufene Saison (2007/2008 Anmerkung des Autors) 29,11 Millionen Euro aus der Vermarktung der Fernsehrechte durch die Deutsche Fußball Liga (DFL). [...]
> Im internationalen Vergleich sind die Bayern allerdings arm dran, denn Clubs wie Real Madrid, Manchester United oder AC Mailand kassieren das Vier- bis Fünffache.
> «Das Besondere an der Bundesliga ist, dass die Aufteilung des Geldes relativ gleichmäßig erfolgt», sagt Arnd Hovemann, Sport- Experte bei Ernst & Young: «Der Erste bekommt etwa doppelt so viel wie der Letzte.» So nimmt Absteiger Hansa Rostock (der Saison 2007/2008, Anmerkung des Autors) immerhin noch 13,06 Millionen Euro ein. Diese von den Bayern bereits häufiger kritisierte Verteilung führe «tendenziell zu einem spannenden und abwechslungsreichen Wettbewerb» in der Liga. Tatsächlich ist die Bundesliga trotz der Bayern-Dominanz der abgelaufenen Saison ausgeglichener und durchlässiger für kleine Clubs als südeuropäische Ligen. [...]
> Rund 360 Millionen Euro aus dem TV-Topf werden nach den Berechnungen der Ernst & Young AG für die abgelaufene Saison an die 18 Bundesligisten ausgeschüttet,[...].“[37]

Die Vereine erwirtschaften, folglich einen erheblichen Teil ihres Kapitals durch über die TV-Präsenz. Nicht zuletzt durch Vermarktungsstrategien wie Bandenwerbung, die durch das Fernsehen neue Dimensionen erreicht und im Folgenden erörtert wird.

37 Deutsche Presse Agentur 2008, www.fußball24.de

4.2.3 Bandenwerbung u. ä.

> „Die Vermarktung von Sportstätten und Stadien, insbesondere Fußballstadien, umfasst eine große Bandbreite von Werbemöglichkeiten in und um das sportliche Geschehen auf dem Aktionsfeld."[38]

Sport- und Bandenwerbung nutzt die enorme Beliebtheit, die insbesondere der Fußball in Deutschland hat. Für etliche Unternehmen ist diese Werbeform daher unabdingbar. Bandenwerbung in Fußballstadien erfüllt gleich zwei Zielsetzungen auf einmal: Sie erreichen die Zuschauer, die während der Spiele im Stadion mit dabei sind, vor allem aber ist die Werbung auf den TV-relevanten Banden eine reichweitenstarke und vor allem verhältnismäßig günstige Form der TV-Präsenz. So erzielte z.B. ein Engagement in Bandenwerbung beim FC Bayern München eine TV-Präsenz von über 36 Stunden (Reichweite 1143 Mio.), und auch die in der Tabelle weniger gut platzierten Vereine erzielten zum Teil bis zu 13 Stunden Berichterstattung (Reichweite 333 Mio.).[39]
Werbung im Sportstadion erzielt eine hohe Akzeptanz und einen guten Erinnerungswert und steigert das Image des Beworbenen somit enorm.
Die Schaltpreise für eine Bande der Maße 2 x 7,00 m x 0,90 m liegen z.B. beim SV Werder Bremen, einem der Topklubs der Bundesliga, zwischen 50.000 und 118.000 Euro pro Saison. [40]
Im Stadion direkt sind nicht nur klassische Banden buchbar, auch Bodenfolien, die im TV als 3-D-Bild erscheinen, Get-Up genannt, ebenso drehbare Banden und Leuchtanzeigetafeln oder Ticketbedruckung bieten Möglichkeiten für Unternehmen ihre Slogans und Logos an Publikum zu bringen.[41]
Bei allen diesen Werbemöglichkeiten stellt sich der Aufwand für die Vereine als sehr gering dar und der Ertrag als sehr gut. Deswegen werden auch immer wieder neue Wege

---

38 o. A. 2007, www.shapeshiftermedia.com
39 Vgl. Launer, www.stefan-t-launer.de
40 Ebd.
41 Ebd.

erforscht Werbung im Stadion zu platzieren. Durch die hohe Kontaktrate und den Imagegewinn des Werbenden ist es also für beide Parteien ein sehr gutes Geschäft.[42]

42 Ebd.

5 Schlusswort

Insgesamt kommt man zu dem Schluss, dass der Fußball Sponsoring und andere Werbeformen braucht, um das professionelle Geschäft in der heutigen wirtschaftsorientierten Form aufrecht zu erhalten. Die Vereine sind auf das Geld angewiesen. Es ist ihnen kaum möglich die großen finanziellen Sprünge zu machen, die notwendig sind, um im Premiumsektor des Fußballs zu agieren.
Der Fußball ist ein knapp kalkuliertes Geschäft geworden. Folgerichtig kann ein Fußballverein nicht nur von Eintrittserlösen und Vereinsmitgliedschaften finanziert werden. Die Geldbeschaffung ist somit neben dem sportlichen Bereich die wichtigste Angelegenheit mit der sich ein Manager beschäftigen muss. Investoren, Sponsoren, Mäzene, Werbepartner usw. sind mittlerweile unabdingbar für die Vereine geworden. Der Kommerz, den die Fans ansprechen, ist für die Klubs überlebenswichtig geworden und daher längst mit dem Fußball in allen seinen Bereichen verschmolzen. Das Geld ist dabei der direkte Partner des Massensports Fußball geworden.
Der Fußball, der Vereinsbetrieb und das Management haben sich längst neu strukturiert. Die Tradition ging dabei leider in einigen Segmenten etwas verloren. Dafür wurden aber auch durch das Geld jede Menge neue Möglichkeiten geschaffen und Perspektiven eröffnet, die dem Fußball auf seinem neuen Weg weiterhelfen werden. Das Fazit ist also nicht in die Vergangenheit zu schauen, sondern die Kommerzialisierung in gewisser Weise auszublenden und zu sehen was die Zukunft dem Sport, den Fans, und der Wirtschaft zu bieten hat.

Tabellenverzeichnis

LITERATURVERZEICHNIS

Adjouri, Nicholas; Stastny, Petr (2006): Sport-Branding. Mit Sport-Sponsoring zum Markenerfolg. 1. Aufl. Wiesbaden: Gabler.

Deutsche Presse Agentur (2008): Beckenbauer bedauert Podolski-Abschied. Internet http://www.transfermarkt.de/de/news/25180/beckenbauer-bedauert-podolski-abschied.html, 16. 12.2009.

Deutsche Presse Agentur (2008): Bayern auch beim TV-Geld Bundesliga-Spitze. Internet http://www.fußball24.de/fußball/1/7/38/62180-bayern-auch-beim-tv-geld-bundesliga-spitze, 21.11.2009

Empacher, Sascha (2001): Die Entwicklung vom Volkssport zu profitorientierten Einheiten: Dargestellt am Beispiel des Fußballs. In: Hermanns, Arnold; Riedmüller, Florian (Hrsg.): Management-Handbuch Sport-Marketing. München: Vahlen, S. 205 – 212.

Engelhardt, Bernhard u.a. (2003): Werbung in Theorie und Praxis. 6. Aufl. Waiblingen: M+S Verlag für Marketing und Schulung.

Grabitz, Ileana; Kaiser, Tina (2008): Fußball – Mäzene. Warum Hopp und Hoffenheim fast überall sind. Internet http://www.welt.de/sport/article2039570/Warum_Hopp_und_Hoffenheim_fast_ueberall_sind.html, 21.12.2009

Hagelüken, Alexander (2008): Gegen Fußball als Kommerz. Im Namen der Fans. Internet http://www.sueddeutsche.de/wirtschaft/213/309153/text/, 20.12.2009

Launer, Stefan: Sport- und Bandenwerbung. Internet http://www.stefan-t-launer.de/stefan-t-launer/weitere%20arbeiten/z_sheet_bandenwerbung.pdf, 21.12.2009

Leischwitz, Christoph (2006): Die Kurven Diskussion. Sie sorgen für Stimmung in den Stadien und manchmal für Stirnrunzeln bei Vereinen und der Polizei. Internet http://www.fluter.de/de/fußball/heft/4913/?tpl=86, 20.12.2009

Ludwig, Stefan; Milojevic, Isabel (2007): Champions League ist die finanzielle "Königsklasse". Studie der Sport Business Gruppe von Deloitte analysiert Finanzdaten der UEFA Champions League. Internet http://www.deloitte.com/dtt/press_release/0,1014,sid%253D6272%2526cid%253D168846,00.html, 20.12.2009

Meuren, Daniel (2007): Visionär und Hassfigur. Hoffenheim-Mäzen Hopp. Internet http://www.spiegel.de/sport/fußball/0,1518,524755,00.html, 17.12.2009

Motzko, Meinhard (2008): Definition Werbung. Internet http://www.praxisinstitut.de/motzko/downloads/pdf/0120.pdf, 16.12.2009.

Müller-Schwemer, Thomas; Sorg, Gabriele (2006): Was Sie schon immer über Sponsoring wissen wollten. In: Sorg, Gabriele (Hrsg.): Marketing- und Vertriebspower durch Sponsoring. Sponsoringsbudgets strategisch managen und refinanzieren. Berlin, Heidelberg: Springer, S. 1-38.

o . A.: Das verramschte Ereignis. Kommerzialisierung. Das verramschte Ereignis. Fußball in der Kommerzialisierungswut. Internet http://www.aktive-fans.de/01a9d793ed0d8ca08/01a9d793ed0d90011/index.html, 17.12.2009.

o. A. 2006: Werbung mit der Fußball WM 2006. Internet http://www.essen.ihk24.de/servicemarken/ihk_aktuell/presse/Pressearchiv_2006/248_2006.jsp, 21.12.2009

o. A. 2007: StairGraphics im Sportmarketing / Stadionwerbung. Werbung im Fußball - ein neues Grossformat nutzt eine allseits präsente Werbefläche. Internet http://www.shapeshiftermedia.com/stairgraphics/sportmarketing-stadionwerbung.html, 21.12.2009

o. A. 2008: Umfrage. Werbung mit Fußball-EM mäßig erfolgreich. Internet http://www.tagesschau.de/wirtschaft/emwerbung2.html, 21.12.2009

Petersdorff, Winand von (2008): Gekaufter Erfolg. Geld schießt Tore. Internet http://www.faz.net/s/RubBC20E7BC6C204B29BADA5A79368B1E93/Doc~EC2BA8454ECB341B6A35EDAB6E3A9EEA9~ATpl~Ecommon~Scontent.html, 20.12.2009

Rapp, Julia (2009): Die Angst um die Seele des Fußballs" http://www.stuttgarter-nachrichten.de/stn/page/2307357_0_9223_--quot-die-angst-um-die-seele-des-fussballs-quot-.html, 21.12.2009

Rasche, Christoph (2007): Der Lizenzsportverein als Hybridorganisation. Fußballsport im Spannungsfeld zwischen Markt- und Fankultur. In: Schweizerische Eidgenossenschaft u. A. (Hrsg.): Fußball: Ökonomie einer Leidenschaft. Abstracts. Internationale Fachtagung, Magglingen. Internet http://www.baspo.admin.ch/internet/baspo/de/home/themen/sport_und_wirtschaft/veranstaltungen.parsys.0003.downloadList.00031.DownloadFile.tmp/abstractstagung2007.pdf, 20.12.2009

Ritler, Eliane (2004): Günther Netzer: „Geld verdirbt vieles im Fußball.“. Internet http://emagazine.credit-suisse.com/article/index.cfm?fuseaction=OpenArticle&aoid=67228&lang=DE&refresh=true, 16.12.2009.

Ritzer, Uwe (2006): Protest gegen Kommerzialisierung des Fußballs. Millionen für einen Namen. Internet http://www.sueddeutsche.de/wirtschaft/911/347748/text/, 20.12.2009

Roth, Nadja (2004): Fußball: Die Zuschauer bezahlen ein Sechstel. Internet http://emagazine.credit-suisse.com/article/index.cfm?fuseaction=OpenArticle&aoid=67196&refresh=true&lang=DE, 16.12.2009.

Sport Informationsdienst (2007): Erster Klub in Deutschland. Neuer Namenssponsor für HSV-Stadion. Internet http://www.11freunde.de/newsticker/100988, 21.12.2009

Reese Online e. K. (2008): Definition von “Mäzen” auf www.fremdwort.de Internet http://www.fremdwort.de/suche.php?term=M%E4zen, 16.12.2009

Eidesstattliche Erklärung

Hiermit erkläre ich, Luca Peter Leicht, dass ich die vorliegende Arbeit selbständig angefertigt habe. Es wurden nur die in der Arbeit ausdrücklich benannten Quellen und Hilfsmittel benutzt. Wörtlich oder sinngemäß übernommenes Gedankengut habe ich als solches kenntlich gemacht.

Ort, Datum Unterschrift

Milton Keynes UK
Ingram Content Group UK Ltd.
UKHW011951210823
427215UK00004B/388